G. Poggenpohl

SCHNITZEL

Variationen eines Klassikers

G. Poggenpohl

SCHNITZEL

Variationen eines Klassikers

EDITION XXL

Inhaltsverzeichnis

Vorwort	10
Ratgeber	12
Schweineschnitzel	14
Kalbsschnitzel	38
Putenschnitzel	56
Truthahnschnitzel	66
Hähnchenschnitzel	70
Straußenschnitzel	74
Register	84

Vorwort

Bei dem Wort „Schnitzel“ läuft den meisten Menschen das Wasser im Mund zusammen. Sie denken sofort an panierte, lecker gewürzte, dünne Fleischscheiben, die warm mit Sauce oder auch kalt gegessen werden. Lassen Sie sich überraschen, wie viele Möglichkeiten es gibt, Schnitzel zu genießen. Mittlerweile findet man in ganz Deutschland Restaurants, die eine umfangreiche Schnitzelkarte präsentieren. Aber am besten schmeckt es doch immer noch zu Hause. Vielleicht wollen Sie ja auch einmal Ihre Freunde und Gäste mit nicht alltäglichen Schnitzelgerichten verwöhnen. Hier werden Sie auf jeden Fall fündig.

Frisches Gemüse, ausgefallene Kräuter und Gewürze, eine dünne Scheibe Fleisch – und schon ist Ihr Schnitzelgericht fast fertig. Schnitzel sind so einfach, dass es nahezu ein Kinderspiel ist, sie zuzubereiten. In diesem Buch zeigen wir Ihnen viele Varianten. Die Palette reicht vom klassischen „Schnitzel mit Pommes frites“ über das „Schweineschnitzel mit pikanter Backpflaumensauce“ bis zum „Straußenschnitzel Asiatisch“.

Ich wünsche Ihnen ein gutes Gelingen und guten Appetit.

G. Poggenpohl

Schnitzel vorbereiten

Manchmal müssen Sie die Schnitzel noch richtig vorbereiten, das heißt, abstehendes Fleisch abschneiden und die Schnitzel dünner klopfen. Das erledigen Sie am besten wie folgt:
Mit einem scharfen Messer schneiden Sie herunterhängendes Fleisch, kleine Sehnen und Fett ab. Dann breiten Sie ein Stück Frischhaltefolie aus und legen das Schnitzel darauf. Jetzt schlagen Sie einen Teil der Frischhaltefolie über das Fleisch und klopfen mit einem Fleischklopfer oder einer schweren Bratpfanne die Schnitzel platt, ohne hinterher Ihre Küche renovieren zu müssen. Wenn Sie mehrere Schnitzel haben, legen Sie alle Schnitzel mit dem nötigen Abstand auf eine Frischhaltefolie und verfahren wie oben beschrieben.

Schnitzel panieren Sie wie folgt:

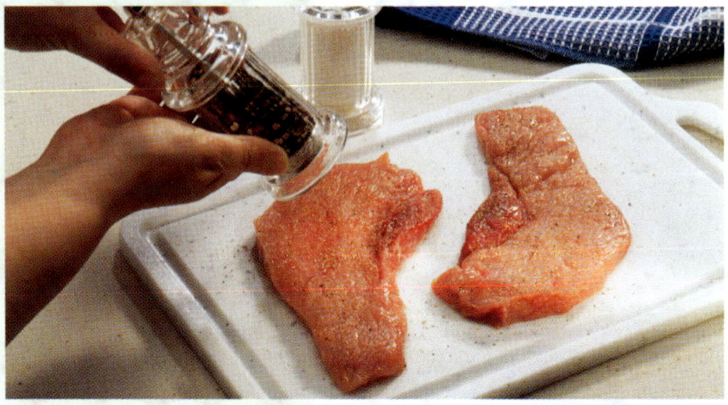

Das Schnitzel von beiden Seiten würzen.

Mehl, Ei und Panade auf drei Teller verteilen.

Das Ei mit einer Gabel verquirlen.

Das Schnitzel in Mehl wenden und überflüssiges Mehl abklopfen.

Dann in das verquirlte Ei tauchen, bis es überall mit Ei bedeckt ist.

Danach das Schnitzel in die Panade legen und diese auf beiden Seiten leicht andrücken. Das Schnitzel sollte ganz mit der Panade bedeckt sein. Als Panade können Sie außer Paniermehl zum Beispiel auch Sesamsaat, Sonnenblumenkerne oder Mandelblättchen verwenden.

Anbraten

Damit panierte Schnitzel knusprig und goldbraun werden, sollten Sie folgendermaßen vorgehen:
So viel Bratfett in einer Pfanne erhitzen, dass die panierten Schnitzel bis zum Rand im heißen Fett liegen. Wenn die Schnitzel fertig sind, nehmen Sie sie aus der Pfanne und lassen sie auf Küchenpapier abtropfen.

Schnitzel mit Pommes frites

Zutaten:

500 g Kartoffeln
4 Schweineschnitzel
3-4 EL Mehl
2 Eier
50 g Paniermehl
Salz
Pfeffer
500 g Frittierfett
Bratfett

Zubereitung:

1. Die Kartoffeln schälen und mit einem Messer in 5 mm dicke Scheiben und dann in 5 mm dicke Streifen schneiden.

2. Die Schnitzel in Frischhaltefolie einschlagen und (zum Beispiel) mit einer schweren Pfanne klopfen. Das Mehl in einen Teller geben. Die Eier aufschlagen und in einem zweiten Teller verquirlen. Das Paniermehl ebenfalls in einen Teller geben. Die Schnitzel salzen, pfeffern und jeweils nacheinander in dem Mehl, den verquirlten Eiern und dem Paniermehl wenden.

3. So viel Frittierfett in einem hohen Topf erhitzen, dass die Kartoffelstreifen darin schwimmen. Das Fett ist heiß genug, wenn ein Probepommes im sprudelnden Fett schwimmt. Die Pommes frites portionsweise im Fett herausbacken und auf Küchenpapier abtropfen lassen. Anschließend in eine Schüssel geben, salzen und warm stellen.

4. Das Bratfett in einer Pfanne erhitzen und die panierten Schnitzel darin goldbraun braten.

5. Die Schnitzel mit den Pommes frites auf Tellern anrichten und dazu Ketschup und Majonnäse reichen.

Zutaten:

1 rote Paprikaschote
2 gelbe Paprikaschoten
1 Zwiebel
1 Zweig Rosmarin
1 Dose Pfifferlinge
2 Gewürzgurken
4 Schweineschnitzel
Paprikapulver
4 EL Öl zum Anbraten
Salz
Pfeffer
1 kleine Dose geschälte Tomaten
einige Spritzer Worcestersauce
1/2 Bund Petersilie

Zubereitung:

1. Die Paprikaschoten waschen, halbieren, entkernen und klein schneiden. Die Zwiebel schälen und fein hacken. Den Rosmarin waschen, die Nadeln abzupfen und klein hacken. Die Pfifferlinge durch ein Sieb abschütten und abtropfen lassen. Die Gewürzgurken klein würfeln. Die Schnitzel mit dem Paprikapulver einreiben.

2. Das Öl in einer Pfanne erhitzen, die Schnitzel einlegen und von beiden Seiten ca. 5 Minuten braten. Die Schweineschnitzel aus der Pfanne nehmen, salzen und pfeffern, auf eine Platte legen und warm stellen.

3. Zwiebel, Paprikaschoten und den Rosmarin in die Pfanne geben und andünsten. Pilze und Gewürzgurken zugeben und alles ca. 3 Minuten unter Rühren anbraten. Die geschälten Tomaten dazugießen, mit Worcestersauce würzen und unter Rühren einmal aufkochen lassen. Die Tomaten dabei etwas zerkleinern. Die Temperatur reduzieren und die Sauce köcheln lassen.

4. Die Petersilie waschen, trockenschütteln, die Blättchen abzupfen, klein hacken und in die Sauce einrühren. Die Sauce abschmecken, eventuell mit Pfeffer, Salz und Paprika nachwürzen.

5. Die Schnitzel auf Tellern anrichten und mit der Sauce servieren.

Als Beilage eignet sich Reis oder Nudeln.

Puszta-Schnitzel

Zutaten:

1/2 l trockener Rotwein
1/2 Lorbeerblatt
5 Pfefferkörner
2 Wacholderbeeren
1 TL frischer, gehackter Rosmarin
4 Schweineschnitzel
Salz
Pfeffer
3 EL Mehl
Bratfett
1 Prise Zucker
Salz, Pfeffer
2 EL süße Sahne

Zubereitung:

1. Den Rotwein, das Lorbeerblatt, die Pfefferkörner, die Wacholderbeeren und den Rosmarin in einem Topf zum Kochen bringen, die Temperatur reduzieren und bei geschlossenem Deckel ca. 30 Minuten ziehen lassen.

2. Die Schnitzel mit Salz und Pfeffer würzen und in Mehl wenden.

3. Fett in einer Pfanne erhitzen und die Schnitzel darin von beiden Seiten hellbraun anbraten. Wenn die Schnitzel die gewünschte Farbe haben, nach und nach den gewürzten Rotwein dazugießen und das Ganze bei geringer Hitze und geschlossenem Deckel ca. 10 bis 15 Minuten schmoren lassen. Mit Zucker, Salz und Pfeffer würzen und abschmecken.

4. Kurz vor dem Servieren die Sahne in die Sauce einrühren.

Zu diesem Gericht empfehle ich Salzkartoffeln oder Kartoffelpüree und einen frischen Salat.

Schweineschnitzel in Rotwein-Sauce

Zutaten:

200 g Kartoffeln
1 EL Thymian
2 EL Majoran
200 g Zwiebelmettwurst
Salz
Pfeffer
2 cl klarer Korn
4 Schweineschnitzel à 200 g
(vom Metzger Taschen zum Füllen einschneiden lassen)
2 EL Olivenöl
1 Zwiebel

Zubereitung:

1. Die Kartoffeln kochen, pellen und klein würfeln. Die Kräuter abbrausen, trockenschütteln und fein hacken.

2. In einer Schüssel die Kartoffeln und die Zwiebelmettwurst verkneten, mit Salz und Pfeffer würzen und mit dem Korn abschmecken.

3. Die Schnitzel mit der Masse füllen und mit Holzstäbchen verschließen. Das Öl mit den Kräutern verrühren und die gefüllten Schnitzel damit ringsum einstreichen.

4. Die Herrenschnitzel auf dem Grill (Holzkohle- oder Elektro-Grill) von beiden Seiten je 8 Minuten garen.

5. Die Zwiebel schälen, in feine Ringe schneiden und roh über die fertigen Schnitzel geben.

Reichen Sie dazu frischen Salat und Brot.

Gegrillte Herrenschnitzel

Zutaten:

8 dünne Schweineschnitzel à 100 g
Salz
Pfeffer
1/2 Bund italienische Kräutermischung
8 Scheiben durchwachsener Speck
8 frische Salbeiblätter
8 EL geriebener Parmesan
3 EL Olivenöl

Zubereitung:

1. Die Schnitzel auf der Arbeitsfläche auslegen und von beiden Seiten salzen und pfeffern. Die Kräuter abbrausen, trockenschütteln und grob hacken. Dann die Schnitzel mit der Kräutermischung bestreuen. Jedes Schnitzel mit einer Speckscheibe und einem gewaschenen, gut abgetropften Salbeiblatt belegen.

2. Anschließend den geriebenen Parmesan darauf verteilen. Die Schnitzel zusammenklappen und mit Holzstäbchen verschließen.

3. Das Öl in einer Pfanne erhitzen und die Schnitzel darin von beiden Seiten ca. 5 Minuten braten.

Mit italienischem Salat, Oliven und Ciabatta servieren.

Gefüllte Schweineschnitzel

Gefüllte Schweineschnitzel mit Rosmarin

Zutaten:

2 Rosmarinzweige
100 g geriebener Emmentaler
100 g Katenschinken
4 Schweineschnitzel à 200 g (vom Metzger Taschen zum Füllen einschneiden lassen)
Salz
Pfeffer
1-2 Eier
3 EL Mehl
50 g Semmelbrösel
Bratfett

Zubereitung:

1. Den Rosmarin abbrausen, trockenschütteln und grob hacken. Den Schinken in Würfel schneiden, mit dem Käse und dem Rosmarin in eine Schüssel geben und vermischen.

2. Die Schnitzel mit Salz und Pfeffer innen und außen würzen und mit der Schinken-Käsemischung füllen. Die Öffnung mit Zahnstochern verschließen.

3. Für die Panade die Eier in einem tiefen Teller mit einer Gabel verquirlen. In zwei weitere Teller Mehl und Semmelbrösel geben. Die gefüllten Schnitzel in Mehl wenden, das Mehl dabei fest andrücken und überschüssiges Mehl abklopfen. Dann in den verquirlten Eiern und in den Semmelbröseln wenden. Die Semmelbrösel mit den Fingern oder einer Gabel ebenfalls fest andrücken, damit die Panade beim Braten nicht abfällt.

4. Das Bratfett in einer Pfanne schmelzen und die Schnitzel bei mittlerer Hitze von beiden Seiten etwa 12 Minuten goldbraun backen. Ist die Hitze zu stark, verbrennt die Panade und das Fleisch wird nicht gar.

Mit Bratkartoffeln und Gurkensalat ein echter Genuss.

Blauer Spätburgunder
TROCKEN
Deutsches Wein

Jägerschnitzel

Zutaten:

400 g Champignons
1 Zwiebel
1 rote Paprikaschote
4 Stangen Frühlingszwiebeln
1 Bund Wildkräuter
1 EL Butter
Salz, Pfeffer
1 EL Mehl
100 ml Geflügelbrühe
Crème fraîche
4 Schweineschnitzel
Mehl
Bratfett

Zubereitung:

1. Die Champignons putzen und je nach Größe vierteln oder achteln. Die Zwiebel schälen und fein hacken. Die Frühlingszwiebeln putzen und in feine Ringe schneiden. Die Paprikaschote waschen, das Kerngehäuse entfernen und das Fruchtfleisch in Rauten schneiden. Die Kräuter abbrausen, trockenschütteln und grob hacken

2. Die Butter in einem Topf erhitzen, die Zwiebel darin andünsten, das vorbereitete Gemüse und die Kräuter dazugeben und ca. 3 Minuten mitdünsten. Mit Mehl abstäuben, kurz anschwitzen lassen, mit der Brühe ablöschen, durchrühren und ca. 10 Minuten köcheln lassen. Die Crème fraîche dazugeben, unterrühren und mit Salz und Pfeffer abschmecken.

3. Die Schnitzel pfeffern, salzen und in Mehl wenden. Bratfett in einer Pfanne erhitzen und die Schnitzel darin kräftig anbraten. Den entstandenen Bratensaft in die Sauce geben und unterrühren.

4. Die Schnitzel auf Tellern anrichten und die Sauce darüber geben.

Als Beilage eignen sich Bohnen mit Speck und Kartoffeln.

Die
BUTTERSCHMALZ
Küche

Schweineschnitzel mit Kräuterkruste

Zutaten:

450 g Schweinefilet
Salz
Pfeffer
Bratfett
Für die Panade:
3-4 EL Mehl
2 Eier
1/2 Bund Petersilie
1/2 Bund Schnittlauch
1 EL gerebelter Majoran
2 EL geriebene Haselnüsse

Zubereitung:

1. Das Filet in 16 Scheiben schneiden, in Frischhaltefolie einschlagen und leicht klopfen. Anschließend mit Salz und Pfeffer würzen und in Mehl wenden.

2. Die Eier in einem tiefen Teller verquirlen. Petersilie und Schnittlauch waschen, trockenschütteln, fein hacken und zu den Eiern geben. Den Majoran und die Haselnüsse darunter rühren. Die Filetscheiben in der Panade wenden.

3. Das Bratfett in einer Pfanne erhitzen, die Schnitzel einlegen, die Hitze reduzieren und von jeder Seite 6 Minuten braten.

Dazu passen Kartoffelgratin und Blattsalate.

Zutaten:

4 Schweineschnitzel
Salz
Pfeffer
2 Knoblauchzehen
3-4 EL Mehl
2 Eier
100 g Semmelbrösel
1/2 Bund Thymian
40 g frisch geriebener Parmesan
100 g Bratfett

Zubereitung:

1. Die Schnitzel klopfen, salzen und pfeffern. Die Knoblauchzehen schälen, fein hacken oder pressen. Den Thymian abbrausen, trockenschütteln und grob hacken. Knoblauch, Thymian und Käse mit den Semmelbröseln vermischen.

2. Drei Teller herrichten. In einen das Mehl, in den zweiten die verquirlten Eier und in den dritten die Semmelbrösel-Mischung geben.

3. Die Schnitzel nacheinander im Mehl, in den Eiern und in der Semmelbrösel-Mischung wenden.

4. Bratfett in einer Pfanne erhitzen und die Schnitzel darin auf beiden Seiten jeweils 3 Minuten knusprig braten. Anschließend auf Küchenkrepp abtropfen lassen.

Die Schnitzel schmecken warm oder kalt zu Kartoffelsalat oder auf Baguette.

Schweineschnitzel in würziger Panade

WEISSHERBST
HALBTROCKEN
PFALZ

Schweineschnitzel in Meerrettich-Panade

Zutaten:

4 dünne Schweineschnitzel
50 g Meerrettich aus dem Glas
Salz
Pfeffer
100 g Mehl
3 EL Schlagsahne
3 Eier
200 g Paniermehl
Bratfett

Zubereitung:

1. Die Schweineschnitzel in je 4 kleine Stücke teilen, salzen, pfeffern und auf beiden Seiten kräftig mit dem Meerrettich bestreichen.

2. Die Eier aufschlagen, verquirlen und mit der Sahne vermischen. Das Mehl, die Ei-Sahne-Mischung und das Paniermehl auf drei Tellern verteilen. Die Schnitzel nacheinander im Mehl, in den Eiern und dem Paniermehl wenden.

3. Das Bratfett in einer Pfanne erhitzen und die Schnitzel darin bei mittlerer Hitze auf beiden Seiten goldbraun braten.

Die Schnitzel kann man sowohl warm als auch kalt essen. Eine geschmacklich gute Ergänzung sind Preiselbeeren.

Zutaten:

2 Orangen, 400 g Backpflaumen
1 Chilischote, 1 Zweig Rosmarin
1 EL Butter, 2 EL brauner Zucker
2 EL Balsamico-Essig
250 ml Rotwein
1/2 Saucen-Lebkuchen
4 dünne Schweineschnitzel
Salz, Pfeffer
100 g Mehl, 2 Eier
300 g Sonnenblumenkerne
Bratfett

Zubereitung:

1. Die Orangen schälen und filetieren. Die Backpflaumen in Viertel schneiden. Die Chilischote längs aufschneiden, die Kerne entfernen und das Fruchtfleisch sehr klein schneiden. Die Rosmarinnadeln vom Stiel zupfen und klein hacken.

2. Die Butter in einer Pfanne erhitzen und den Zucker dazugeben. Wenn der Zucker karamellisiert ist, die Backpflaumen darin glasieren. Mit Balsamico-Essig ablöschen und den Rotwein aufgießen. Die Chilischote und den Rosmarin dazugeben und den Saucen-Lebkuchen einbröseln. Bei mittlerer Hitze ca. 2 Minuten köcheln lassen. Die Orangen-Filets dazugeben, mit Salz und Pfeffer abschmecken und die Sauce warm stellen.

3. Die Schnitzel salzen und pfeffern. Das Mehl, die verquirlten Eier und die Sonnenblumenkerne auf 3 Tellern verteilen und die Schnitzel nacheinander im Mehl, den Eiern und den Sonnenblumenkernen wenden. Die Sonnenblumenkerne fest andrücken, damit sich die Panade beim Anbraten nicht löst.

4. Das Bratfett in einer Pfanne erhitzen und die Schnitzel darin bei geringer Hitze auf beiden Seiten goldbraun anbraten. Zum Wenden der Schnitzel 2 Gabeln verwenden.

Die Schnitzel auf Tellern anrichten und mit der Backpflaumen-Sauce servieren.

Schweineschnitzel mit pikanter Backpflaumen-Sauce

Zutaten:

8 dünne Schweineschnitzel
1 1/2 Bund glatte Petersilie
Salz, Pfeffer
75 g Steak- und Grill-Butter (z. B. von Meggle)
8 TL Senf
1 Kräuterbutter-Baguette (z. B. von Meggle)
3 Knoblauchzehen, 1 Zwiebel
2 EL Öl, 2 EL Tomatenmark
1 Packung stückiges Tomatenfruchtfleisch (500 g)
1-2 TL Sambal Oelek
Edelsüßpaprika
Chilipulver
1 Prise Zucker, 1 Tomate

Zubereitung:

1. Die Schnitzel in eine Frischhaltefolie einschlagen und klopfen. Dann salzen, pfeffern und auf einer Seite mit 2/3 der Steak- und Grill-Butter und dem Senf bestreichen. Die Petersilie waschen, trockenschütteln, ca. 2/3 von den Stielen zupfen und die Schnitzel damit belegen. Anschließend aufrollen und mit Holzstäbchen zusammenstecken.

2. Die Schnitzelröllchen auf dem heißen Grill unter Wenden ca. 15 Minuten grillen, dabei von Zeit zu Zeit mit der restlichen Steak und Grill-Butter bestreichen.

3. Das Kräuterbutter-Baguette im vorgeheizten Backofen bei 175° C 10 bis 12 Minuten backen.

4. Den Knoblauch und die Zwiebel schälen und fein hacken. Das Öl in einer Pfanne erhitzen und die Zwiebel und den Knoblauch darin andünsten. Das Tomatenmark zufügen und anschwitzen. Mit den stückigen Tomaten ablöschen und Sambal Oelek zufügen. Danach aufkochen und ca. 3 bis 4 Minuten köcheln lassen. Mit Salz, Pfeffer, Paprika, Chili und Zucker würzen.

5. Die Tomate waschen, vierteln, entkernen, fein würfeln und unter die Sauce rühren. Restliche Petersilie hacken.Die Schnitzelröllchen auf der Tomatensauce anrichten, mit Petersilie bestreuen. Dazu das Baguette reichen.

Gefüllte Schnitzelröllchen auf Tomatensauce

Zutaten:

50 g getrocknete Steinpilze
2 Schalotten
1/2 Bund Petersilie
1 EL Butter
4 Kalbsschnitzel
Salz
Pfeffer
20 g Butter
1 Becher süße Sahne
1/4 l Weißwein

Zubereitung:

1. Die Steinpilze in eine Schüssel geben und ca. 1 Stunde in Wasser einweichen.

2. Die Schalotten schälen und in feine Würfel hacken. Die Petersilie abbrausen, trockenschütteln und grob hacken.

3. Die Kalbsschnitzel in eine Frischhaltefolie einschlagen und leicht klopfen, sie sollten dünn sein. Dann mit Salz und Pfeffer würzen.

4. Die Steinpilze abgießen, abtropfen lassen – dabei das Pilzwasser auffangen –, klein schneiden und mit den Zwiebeln und der Butter in einer Pfanne anrösten. Die Petersilie darunter mischen und die Steinpilzmasse auf den Kalbsschnitzeln verteilen. Zu Rouladen zusammenrollen und mit Holzspießen oder Rouladenklammern befestigen.

5. Die Schnitzelröllchen in eine gebutterte Auflaufform geben. Aus der Sahne, dem Wein und etwas Pilzwasser eine Sauce herstellen, über die Rouladen geben und diese im vorgeheizten Backofen bei 220° C ca. 15 Minuten garen.

Dazu schmecken Bandnudeln.

Kalbsschnitzelröllchen mit Steinpilzfüllung

Kalbsschnitzelchen in Käse-Ei-Hülle auf Gemüse-Rucola-Salat

Zutaten:

2 Stängel Staudensellerie
2 kleine Karotten, 1 kleine Zucchini
100 g Champignons oder Egerlinge
50 ml Brühe
1 EL Weißweinessig
3 EL Rapsöl
Salz, Pfeffer
4 dünne Kalbsschnitzel
2 Eier
50 g fein geriebener Allgäuer Bergkäse
3 EL Mehl
Bratfett
1 Bund Rucola

Zubereitung:

1. Die Staudensellerie, die Karotten und die Zucchini waschen und putzen, die Champignons putzen und alles in dünne Scheiben schneiden. Das Gemüse mit Brühe in einem breiten Topf mit Deckel ca. 2 bis 3 Minuten dünsten. Vom Herd nehmen und mit Essig, Öl, Salz und Pfeffer würzen. Abkühlen lassen.

2. Die Kalbsschnitzel in kleine Stücke von ca. 3 cm Kantenlänge schneiden. Die Eier mit dem Allgäuer Bergkäse in einer Schüssel verquirlen. Die Schnitzelquadrate salzen und pfeffern, in Mehl wenden und durch die Ei-Käse-Mischung ziehen.

3. Bratfett in einer großen, beschichteten Pfanne erhitzen und die Mini-Schnitzel darin insgesamt 5 bis 6 Minuten braten, nach 2 bis 3 Minuten wenden.

4. Den Rucola verlesen, waschen, trockenschütteln und mit dem abgekühlten Gemüse vermischen. Den Gemüse-Rucola-Salat zu den Kalbsschnitzelchen servieren.

Zutaten:

150 g Karotten
4 EL Butterschmalz
4 Kalbsschnitzel
Salz
Pfeffer
1 Prise gemahlener Koriander
3 Orangen
125 g Crème fraîche
1 EL Cointreau
1 Bund Petersilie
Zucker

Zubereitung:

1. Die Karotten waschen, schälen und in dünne Scheiben schneiden. Die Petersilie abbrausen, trockenschütteln und grob hacken. Die Orangen filetieren und den Saft auffangen.

2. In einer Pfanne das Butterschmalz erhitzen und die Schnitzel darin von jeder Seite 2 Minuten anbraten. Aus der Pfanne nehmen, von beiden Seiten salzen, pfeffern, mit Koriander würzen und zugedeckt warm stellen.

3. Die Karotten in das Butterschmalz geben und ca. 5 Minuten weich dünsten. Die Crème fraîche einrühren, die Orangenfilets, den Orangensaft und die Petersilie dazugeben. Zum Schluss die Sauce mit Salz, Pfeffer, Cointreau, Zucker und Koriander abschmecken.

4. Die Kalbsschnitzel auf Tellern anrichten und das Karotten-Orangen-Gemüse dazugeben.

Reichen Sie dazu breite Nudeln oder Reis.

Kalbsschnitzel mit Karotten-Orangen-Gemüse

Zutaten:

1 kg Kartoffeln
1 Zwiebel
1 Bund Schnittlauch
50 ml Hühnerbrühe
1 TL scharfer Senf
2 EL Essig, 2 EL Öl
Salz, Pfeffer, Zucker
8 kleine Kalbsschnitzel
75 g Mehl
3 Eier
150 g Paniermehl
Salz, Pfeffer
100 ml Öl, 1 Zitrone

Zubereitung:

1. Die Kartoffeln waschen, in reichlich Salzwasser gar kochen, etwas abkühlen lassen, dann die Kartoffeln abpellen und in Scheiben schneiden.

2. Die Zwiebel schälen und fein hacken. Den Schnittlauch abbrausen, trockenschütteln und in Ringe schneiden. Die Hühnerbrühe leicht erhitzen, mit Essig, Öl, Senf, Salz, Pfeffer und Zucker abschmecken und über die Kartoffeln gießen. Die Zwiebel und den Schnittlauch darüber streuen, alles vermischen und warm halten.

3. Mehl in einen Teller füllen. Die Eier aufschlagen, in einen zweiten Teller geben und verquirlen. Das Paniermehl ebenfalls in einen Teller füllen. Die Schnitzel salzen und pfeffern und nacheinander im Mehl, den Eiern und dem Paniermehl wenden.

4. Öl in einer Pfanne erhitzen und die panierten Schnitzel darin goldbraun braten.

5. Je 2 Schnitzel auf einen Teller geben, eine Spalte Zitrone darauf setzen, den Kartoffelsalat dazugeben und servieren.

Wiener Kalbsschnitzel mit Kartoffelsalat

Zutaten:

350 g Pfifferlinge
350 g Salatgurke
75 g Schalotten
1/2 Bund Basilikum
1 EL Butter
100 ml Gemüsebrühe
250 ml Schlagsahne
Salz
Pfeffer
4 Kalbsschnitzel
4 EL Mehl
Bratfett

Zubereitung:

1. Die Pfifferlinge putzen, eventuell kurz abbrausen und auf Küchenpapier abtropfen lassen. Die Salatgurke waschen, schälen, längs halbieren, entkernen und in Würfel schneiden. Die Schalotten schälen und fein hacken. Das Basilikum abbrausen, trockenschütteln, die Blätter von den Stielen zupfen und größere Blätter zerteilen.

2. Die Kalbsschnitzel in eine Frischhaltefolie einschlagen und klopfen. Anschließend mit Salz und Pfeffer würzen und im Mehl wenden.

3. Butter in einer Pfanne erhitzen und die Schalotten darin glasig dünsten. Die Pfifferlinge dazugeben und bei mittlerer Hitze unter Rühren anbraten. Mit Gemüsebrühe aufgießen und etwas einkochen lassen. Danach die Gurkenwürfel, Basilikum und Sahne einrühren, mit Salz und Pfeffer abschmecken und warm stellen.

4. Bratfett in einer Pfanne erhitzen und die Kalbsschnitzel darin jeweils drei Minuten von beiden Seiten anbraten.Die Kalbsschnitzel mit dem Gemüse auf Tellern anrichten.

Mit Kartoffeln serviert ein gelungenes Essen.

Kalbsschnitzel mit Pfifferling-Gurken-Gemüse

Zutaten:

3 Schalotten
2 Knoblauchzehen
4 Tomaten
1 Rosmarinzweig
5 Sardellenfilets
1 Chilischote
5 EL Olivenöl
2 EL Tomatenmark
200 ml Gemüsebrühe
50 g Kapern
Salz, Pfeffer, 1 EL Zucker
4 Kalbsschnitzel
Bratfett, 1 Bund Basilikum

Zubereitung:

1. Die Schalotten und den Knoblauch schälen und klein schneiden. Die Tomaten abwaschen und in Würfel schneiden. Die Rosmarinnadeln abzupfen und fein hacken. Die Sardellenfilets grob zerschneiden. Die Chilischote putzen, entkernen und das Fruchtfleisch grob hacken.

2. Das Öl in einem Topf erhitzen und die Schalotten, den Knoblauch und den Rosmarin darin bei mittlerer Hitze dünsten. Das Tomatenmark unterrühren und mit der Gemüsebrühe ablöschen. Die Tomaten, die abgetropften Kapern, die Sardellenstückchen und die gehackte Chili dazugeben. Mit Salz, Pfeffer und Zucker würzen. Die Sauce bei mittlerer Hitze und halb geöffnetem Deckel ca. 10 Minuten köcheln lassen.

3. Die Kalbsschnitzel mit Salz und Pfeffer würzen. Bratfett in einer Pfanne erhitzen und die Schnitzel darin auf beiden Seiten anbraten.

4. Das Basilikum abbrausen, trockenschütteln, die Blätter von den Stielen zupfen, größere zerteilen und über die Sauce streuen.

Die Schnitzel mit der Sauce auf Tellern anrichten. Dazu passen italienische Nudeln.

Kalbsschnitzel Puttanesca

MEGGLE
Knoblauch-Butt

Geröstetes Kräuterbaguette mit Kalbsschnitzel und Spargel

Zutaten:

4 Kräuterbutter-Baguettes (z. B. von Meggle)
500 g grüner Spargel
50 g Knoblauchbutter (z. B. von Meggle)
1 Pck. Sauce hollandaise (z. B. von Meggle)
1 TL abgeriebene Zitronenschale
1-2 EL Zitronensaft
4 Kalbsschnitzel
Salz
Pfeffer
Bratfett

Zubereitung:

1. Kräuterbutter-Baguettes in den Einschnitten durchschneiden. Die Scheiben auf ein mit Backpapier ausgelegtes Blech legen und im vorgeheizten Backofen bei 180° C auf der 2. Schiene von unten 6 Minuten backen. Den Backofengrill zuschalten und die Kräuterbutter-Baguettescheiben 3 Minuten unter dem Grill rösten (Achtung: Die Brotscheiben verbrennen schnell!). Baguettescheiben abkühlen lassen.

2. Den Spargel nur im unteren Drittel schälen, abspülen und in ca. 6 cm lange Stücke schneiden. Die Knoblauchbutter erhitzen und die Spargelstücke darin bei mittlerer Hitze zugedeckt 6 Minuten dünsten.

3. Die Sauce hollandaise nach Packungsanweisung zubereiten, mit Zitronenschale und Zitronensaft würzen und warm stellen.

4. Die Kalbsschnitzel trockentupfen und in jeweils 4 Teile schneiden. Die Schnitzelchen leicht flach drücken und auf beiden Seiten mit Salz und Pfeffer würzen. Bratfett in einer Pfanne erhitzen und die Schnitzelchen bei starker Hitze auf jeder Seite 2 Minuten braten.

5. Die Schnitzelchen auf die Baguettescheiben legen, 2 bis 3 Spargelstücke darauf verteilen und jeweils mit einem Klacks Sauce garnieren.

Sofort servieren, restliche Sauce und Spargel dazu reichen.

Zutaten:

4 etwas dickere Kalbsschnitzel
Salz
Pfeffer
8 EL frisch geriebene Weißbrotkrume
2 Eigelb
1 EL scharfer Senf
1 Bund gemischte Kräuter (z. B. Thymian, Estragon, Salbei, Petersilie)
4 EL Riesling
120 g Edelschimmelkäse
Bratfett

Zubereitung:

1. Eine Tasche in die Kalbsschnitzel schneiden, aufklappen und mit Salz und Pfeffer würzen. Kräuter abbrausen, trockenschütteln und fein hacken.

2. Die Weißbrotkrume mit Eigelb, Senf und Kräutern vermengen. Den Edelschimmelkäse klein schneiden und mit einer Gabel zerdrücken. Den Wein mit 1/3 der Brot-Kräuter-Masse verrühren.

3. Die Schnitzel mit der Käsemasse füllen, zusammenklappen und mit Holzspießen feststecken. Mit Salz und Pfeffer würzen.

4. Bratfett in einer Pfanne erhitzen und die gefüllten Schnitzel darin anbraten. Die restliche Brot-Kräuter-Masse auf die Schnitzel streichen und diese im vorgeheizten Backofen bei 225° C ca. 10 bis 15 Minuten überbacken.

Kalbsschnitzel mit Weiß-Blau-Käse

Zutaten:

30 g Fett
40 g Mehl
150 ml Hühnerbrühe
150 ml Milch
Salz
Pfeffer
Muskat
50 g Kapern
4 Frühlingszwiebeln
4 Kalbsschnitzel
Bratfett

Zubereitung:

1. Die Frühlingszwiebeln waschen und in Ringe schneiden. Schnitzel mit Salz und Pfeffer würzen.

2. Mehl in dem zerlassenen Fett bei mittlerer Hitze anschwitzen bis es goldgelb ist. Die Milch nach und nach mit dem Schneebesen einrühren damit keine Klümpchen entstehen. Dann die Hühnerbrühe dazugeben und aufkochen lassen.

3. Bratfett in einer Grillpfanne erhitzen. Die Schnitzel darin bei mittlerer Hitze auf beiden Seiten ca. 5 Minuten anbraten. Die Sauce mit Salz, Pfeffer und Muskat abschmecken. Zum Schluss die Frühlingszwiebeln und die Kapern dazugeben.

Zu diesem Gericht schmecken Nudeln oder Reis.

Kalbsschnitzel in Kapern-Sauce

Zutaten:

6 Tomaten
1 Zwiebel
2 Knoblauchzehen
3 EL Olivenöl
3 EL Balsamico-Essig
Salz
Pfeffer
1 Bund Basilikum
4 Putenschnitzel
Salz
Pfeffer
Bratfett
2 Packungen Mozzarella

Zubereitung:

1. Die Zwiebel schälen und in feine Streifen schneiden. Knoblauch schälen und fein hacken oder pressen. Basilikum abbrausen, trockenschütteln, Blätter von den Stielen zupfen und fein hacken. Tomaten waschen, in Scheiben schneiden und auf vier Tellern in der Mitte dekorativ anrichten.

2. Aus den Zwiebeln, Knoblauch, Basilikum, Olivenöl, Balsamico, Salz und Pfeffer eine Sauce zubereiten und über die angerichteten Tomaten träufeln.

3. Die Putenschnitzel mit Salz und Pfeffer würzen. Bratfett in einer Pfanne erhitzen und die Schnitzel darin auf beiden Seiten knusprig anbraten. Inzwischen den Mozzarella in 5 mm dicke Scheiben schneiden. Die Schnitzel in eine Auflaufform geben, mit dem Mozzarella belegen und im Backofen 3 Minuten bei starker Oberhitze überbacken.

4. Die überbackenen Schnitzel auf die Tomaten setzen und mit Baguette servieren.

Putenschnitzel mit Mozzarellakruste auf Tomaten

Putenschnitzel mit Kartoffelkruste

Zutaten:

4 Putenschnitzel
Salz, Pfeffer
600 g rohe Kartoffeln
2 Eier, Bratfett

Für den Meerrettichsauerrahm:
120 g Crème fraîche
80 g süße Sahne
Saft von 1/2 Zitrone
Salz, Pfeffer
40 g Meerrettich aus dem Glas
1 Bund Schnittlauch

Für die marinierten Roten Rüben:
500 g gekochte Rote Rüben
2 EL Balsamico-Essig
2 EL Weißweinessig
4 EL Traubenkernöl
Salz
Pfeffer
1 Prise Zucker

Zubereitung:

1. Kartoffeln waschen, schälen und mit einer Reibe fein raspeln. Die Flüssigkeit ausdrücken. Das Ei unter die Kartoffeln mischen und alles mit Salz abschmecken. Schnittlauch abbrausen, trockenschütteln und in feine Röllchen schneiden. Putenschnitzel mit Salz und Pfeffer würzen.

2. Die Kartoffelmasse flach auf die Putenschnitzel streichen.

3. In einer Pfanne das Bratfett erhitzen. Die Schnitzel auf der Kartoffelseite darin knusprig anbraten, wenden und auf der anderen Seite ebenfalls anbraten. Danach die Schnitzel mit der Kartoffelseite nach oben in eine Auflaufform geben und im vorgeheizten Backofen bei 180° C 10 Minuten garen.

4. Für den Meerrettichsauerrahm die Crème fraîche in einer Schüssel mit der Sahne glatt rühren. Den Zitronensaft dazugeben und mit Salz und Pfeffer abschmecken. Zum Schluss den Meerrettich und den fein geschnittenen Schnittlauch unterrühren und das Ganze kalt stellen.

5. Rote Rüben schälen, zuerst in Scheiben und dann in dünne Streifen schneiden. Aus Essig, Öl, Salz, Pfeffer und Zucker eine Marinade bereiten und über die Roten Rüben geben.

6. Die Roten Rüben portionsweise auf Tellern anrichten, die Schnitzel darauf setzen und den Meerrettichsauerrahm darüber träufeln.

Putenschnitzel mit Kapern

Zutaten:

60 g Deutsche Butter
12 kleine Putenschnitzel
Salz
Pfeffer
2 EL Mehl
3 Zitronen
1 Prise Zucker
4 EL Kapern
1 Bund Schnittlauch
nach Belieben 1 Töpfchen Basilikum

Zubereitung:

1. Die Putenschnitzel in Frischhaltefolie einschlagen und leicht klopfen. Mit Pfeffer und Salz würzen.

2. Das Mehl in einen tiefen Teller geben und die Schnitzel darin wenden. Überschüssiges Mehl abklopfen. Die Butter in einer Pfanne erhitzen und die Putenschnitzel darin portionsweise von beiden Seiten braun braten. Die fertigen Putenschnitzel in eine flache Auflaufform legen und abkühlen lassen.

3. Eine Zitrone heiß abwaschen, abtrocknen, in Spalten schneiden und auf den Putenschnitzeln verteilen. Die übrigen Zitronen auspressen. Den Zitronensaft mit Salz, Pfeffer und Zucker abschmecken. Die Kapern über die Schnitzel streuen und alles mit der Zitronenmarinade begießen.

4. Den Schnittlauch abbrausen, trockenschütteln, in feine Röllchen schneiden und darüber streuen. Basilikum abschneiden, abbrausen, trockenschütteln, die Blättchen abzupfen und ebenfalls auf den Schnitzeln verteilen.

Zutaten:

2 rote und 2 gelbe Paprikaschoten
2 Zucchini, 5 Schalotten
4 Knoblauchzehen
1 Bund gemischte Kräuter
1 EL Olivenöl
250 ml Gemüsebrühe
Salz, Pfeffer
Parmesan
4 Putenschnitzel
3-4 EL Mehl
2 Eier
200 g Sesamsaat
Bratfett

Zubereitung:

1. Die Paprikaschoten waschen, vierteln, entkernen und in mundgerechte Würfel schneiden. Die Zucchini waschen, halbieren und in 3 mm dicke Scheiben schneiden. Die Schalotten schälen und in Streifen schneiden. Knoblauch schälen und fein hacken.

2. Das Öl in einer Pfanne erhitzen. Das Gemüse und die Zwiebeln darin unter Rühren kurz anbraten. Dann mit der Gemüsebrühe ablöschen, den Knoblauch dazugeben und mit Salz und Pfeffer abschmecken.

3. Die Putenschnitzel mit Salz und Pfeffer würzen. Drei Teller herrichten. In einen das Mehl, in den zweiten die verquirlten Eier und in den dritten die Sesamsaat geben. Schnitzel zuerst in Mehl, dann in den Eiern und anschließend in dem Sesam wenden.

4. In einer Pfanne das Bratfett erhitzen. Die Schnitzel auf beiden Seiten darin bei mittlerer Hitze goldbraun anbraten, aus der Pfanne nehmen und auf Küchenkrepp abtropfen lassen.

5. Die Kräuter abbrausen, trockenschütteln, von den Stielen zupfen und grob hacken. Das Gemüse mit den Kräutern und einigen Parmesanspänen bestreuen.

Die Schnitzel auf Tellern anrichten und das Gemüse dazu servieren.

Putenschnitzel mit Sesampanade

Apfeltaschen-Schnitzel

Zutaten:

4 Putenschnitzel
1/2 Flasche Fuchs Würz-Marinade Toscana
800 g kleine Kartoffeln
1 Zwiebel
50 g durchwachsener Speck
1 Apfel
1 EL Speiseöl
2 EL Fuchs Kräuter-Crispins
2 EL Apfelsaft

Zubereitung:

1. Die Putenschnitzel waschen, trockentupfen und Taschen hineinschneiden. Die Schnitzel mit Würz-Marinade einstreichen und ca. 2 Stunden durchziehen lassen.

2. Die Kartoffeln gut waschen, mit restlicher Würz-Marinade auf vier Stücke Alufolie verteilen und ca. 40 Minuten auf dem Grill garen.

3. Die Zwiebel abziehen und zusammen mit dem Speck fein würfeln. Den Apfel waschen, schälen, vom Kerngehäuse befreien und in kleine Würfel schneiden.

4. Das Öl erhitzen, die Zwiebel- und Speckwürfel darin anbraten. Apfelstückchen, Kräuter-Crispins und Apfelsaft zugeben und kurz mitbraten. Masse in die Putenschnitzel füllen, diese mit Holzspießchen zusammenstecken und unter gelegentlichem Wenden ca. 25 Minuten grillen. Dazu die gegrillten Kartoffeln servieren.

Zutaten:

8 dünne Truthahnschnitzel
Bratfett
8 dünne Scheiben Parmaschinken
1 Bund Salbei
8 Tomaten
Salz
Pfeffer

Zubereitung:

1. Den Salbei abbrausen, trockenschütteln und die Blätter von den Stielen zupfen. Die Tomaten waschen und in Stücke schneiden.

2. Die Schnitzel auslegen, auf beiden Seiten mit Salz und Pfeffer würzen und jeweils mit einer Scheibe Parmaschinken und 4 Salbeiblättern belegen. Dann die Schnitzel aufrollen oder zusammenklappen und mit Holzstäbchen zusammenstecken.

3. Bratfett in einer Pfanne erhitzen und die gefüllten Truthahnschnitzel auf beiden Seiten ca. 10 Minuten anbraten. Aus der Pfanne nehmen und in Alufolie wickeln.

4. Die Butter in derselben Pfanne aufschäumen lassen, die restlichen Salbeiblätter und die Tomatenstücke dazugeben, durchschwenken und mit Salz und Pfeffer abschmecken.

5. Truthahnschnitzel auf Tellern anrichten und mit der Salbei-Tomaten-Sauce übergießen.

Dazu passt Reis.

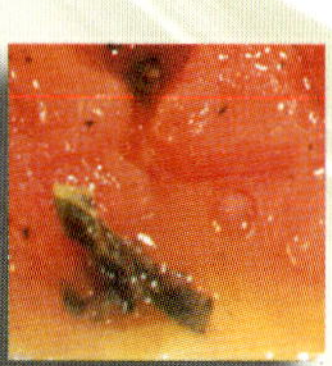

Truthahnschnitzel Saltimbocca

Zutaten:

1 Zwiebel
4 Karotten
1 kleine Dose Mais
200 g Erbsen
100 g Rucola
2 EL Butter
Salz
Pfeffer
50 ml Gemüsebrühe
4 Truthahnschnitzel
100 g Mehl
2 Eier
150 g Mandelblättchen
Bratfett

Zubereitung:

1. Die Zwiebel schälen und fein hacken. Die Karotten waschen, schälen und in Streifen schneiden. Den Rucola verlesen, waschen und die harten Stiele abschneiden. Die Schnitzel mit Salz und Pfeffer würzen.

2. Das Mehl, die verquirlten Eier und die Mandelblättchen auf 3 Tellern verteilen. Schnitzel nacheinander in Mehl, Eiern und Mandelblättchen wenden.

3. Die Zwiebel und die Karotten in der zerlassenen Butter andünsten. Dann Mais und Erbsen dazugeben, mit der Gemüsebrühe aufgießen und mit Salz und Pfeffer abschmecken. Das Gemüse warm stellen.

4. Bratfett in einer Pfanne erhitzen. Die Schnitzel darin bei geringer Hitze goldbraun braten, da sonst die Mandelblättchen verbrennen.

5. Den Rucola unter das Gemüse mischen und zusammen mit den Schnitzeln servieren.

Truthahnschnitzel mit Mandelkruste auf Sommergemüse

Zutaten:

8 Hähnchenschnitzel
Bratfett
300 g Zwiebeln
2 Knoblauchzehen
750 g Eiertomaten
1 Bund Petersilie
1/2 Bund Thymian
1/2 Bund Majoran
1 gelbe Paprikaschote
150 g grüne Oliven
200 ml Weißwein
Salz, schwarzer Pfeffer
6 Knoblauchzehen
Olivenöl, Baguette

Zubereitung:

1. Die Zwiebeln und Knoblauchzehen schälen und fein würfeln. Die Tomaten vierteln und mit einem kleinen Messer die Kerne herausschneiden. Die Kräuter abbrausen, trockenschütteln und grob hacken. Die Paprikaschote waschen, halbieren, vierteln, entkernen und in Streifen schneiden. Die Oliven halbieren.

2. Das Baguette in Scheiben schneiden. Vier Knoblauchzehen durchpressen und mit dem Olivenöl und den gehackten Kräutern vermischen. Jede Scheibe auf einer Seite mit dem Knoblauch-Öl-Gemisch bestreichen. Im vorgeheizten Backofen bei 200° C auf der mittleren Schiene in 5 bis 6 Minuten goldbraun backen.

3. Die Hähnchenschnitzel salzen und pfeffern. Öl in einer tiefen Pfanne erhitzen. Die Hähnchenschnitzel von beiden Seiten jeweils 3 Minuten anbraten. Dann die Hähnchenschnitzel herausnehmen und warm stellen. Im selben Fett die Zwiebeln und die Paprikastreifen glasig dünsten. Die Oliven, den restlichen Knoblauch und die Tomaten dazugeben. Dann mit dem Wein ablöschen. Das Ganze mit Salz und Pfeffer abschmecken.

4. Die Hähnchenschnitzel auf Tellern anrichten, die Sauce dazugeben und mit den Knoblauchbaguettescheiben servieren.

Hähnchenschnitzel in Weißwein-Sauce

Hähnchenschnitzel in Pfifferling-Rahmsauce

Zutaten:

8 Hähnchenschnitzel
Salz
Pfeffer
100 g Mehl
2 EL Butter
500 g Pfifferlinge
1 Zwiebel
2 EL Mehl
100 ml Hühnerbrühe
200 g süße Sahne
1/2 Bund Petersilie

Zubereitung:

1. Die Pfifferlinge putzen und – wenn nötig – in mundgerechte Stücke schneiden. Die Zwiebel schälen, Petersilie abbrausen, trockenschütteln, Blätter von den Stielen zupfen und beides fein hacken. Die Schnitzel mit Salz und Pfeffer würzen und im Mehl wenden.

2. Die Butter in einer Pfanne erhitzen und die Schnitzel darin auf beiden Seiten goldgelb anbraten. Die Schnitzel aus der Pfanne nehmen und warm stellen. Die Zwiebel in derselben Butter andünsten, die Pfifferlinge dazugeben und kurz mit anbraten. Mehl darüber stäuben und unter Rühren kurz anrösten. Mit der Hühnerbrühe ablöschen, Sahne und Petersilie dazugeben. Mit Salz und Pfeffer abschmecken.

3. Die Schnitzel mit der Sauce auf Tellern anrichten.

Dazu passt Reis.

Zutaten:

4 Straußenschnitzel
Salz, Pfeffer
1 Stück Ingwer
2 Knoblauchzehen
2 Stauden Senfkohl
1 Glas Senfgurken (330 g)
1 Glas eingelegte Kürbisse (330 g)
50 ml Kürbismarinade
1 EL süße Sojasauce
Bratfett

Zubereitung:

1. Den Senfkohl waschen, weiße Teile in schmale Streifen, das Grüne in breite Streifen schneiden und beides getrennt halten. Ingwer und Knoblauch schälen und fein hacken. Die Senfgurken und die Kürbisse durch ein Sieb abgießen. Von den eingelegten Kürbissen den Saft auffangen.

2. Da Straußenfleisch nur als Steaks in den Handel kommt, muss es einmal längs halbiert werden, damit man zwei dünne Schnitzel erhält. Anschließend die Schnitzel eventuell in Frischhaltefolie einschlagen und zum Beispiel mit einer schweren Pfanne klopfen. Schnitzel mit Salz und Pfeffer würzen.

3. Das Bratfett in einer Pfanne erhitzen und die Schnitzel darin auf beiden Seiten jeweils 3 Minuten anbraten, herausnehmen und warm stellen. In derselben Pfanne den weißen Teil des Senfkohls andünsten. Senfgurken, Kürbisse, Ingwer und Knoblauch dazugeben. Mit dem aufgefangenen Kürbissaft und der Sojasauce aufgießen. Kurz vor dem Servieren den grünen Teil des Senfkohls unterrühren, bis er zusammenfällt.

Die Straußenschnitzel mit dem Gemüse auf Tellern anrichten.

Straußenschnitzel Asiatisch

Straußenschnitzel mit Paprika-Curry

Zutaten:

4 Straußenschnitzel
2 Eier, 4 EL Mehl
4 EL Sesamsaat
Bratfett
2 rote und 2 gelbe Paprikaschoten
2 Zwiebeln
4 Knoblauchzehen
3 EL Olivenöl
100 g gestiftelte Mandeln
1 TL gemahlener Koriander
1 TL gemahlener Kreuzkümmel
1 TL gemahlener Kardamom
2 EL Currypulver
400 ml Hühnerbrühe
100 ml Schlagsahne
300 g Basmati-Reis
750 ml Wasser
1 kleine Zimtstange
1 Bund Petersilie
Salz, Pfeffer

Zubereitung:

1. Die Paprikaschoten waschen, halbieren, vierteln, entkernen und in Streifen schneiden. Zwiebeln und Knoblauch schälen und in feine Streifen schneiden.

2. Das Olivenöl in einem Topf erhitzen. Paprika, Zwiebeln, Mandeln und Knoblauch darin ca. 3 Minuten anbraten. Dann mit der Brühe aufgießen, Koriander, Kreuzkümmel, Kardamom und Currypulver dazugeben. Bei mittlerer Hitze ca. 8 bis 10 Minuten kochen lassen. Die Petersilie abbrausen, trockenschütteln, von den Stielen zupfen und über das Gemüse geben. Die Sahne zum Paprika-Curry geben, alles verrühren und mit Salz und Pfeffer abschmecken.

3. Den Basmati-Reis in einen Topf geben, mit Wasser aufgießen und zusammen mit dem Zimt aufkochen und dann 8 Minuten kochen lassen. Den Reis beiseite stellen und zugedeckt ziehen lassen.

4. Da Straußenfleisch nur als Steaks in den Handel kommt, muss es einmal längs halbiert werden, damit man zwei dünne Schnitzel erhält. Anschließend die Schnitzel eventuell in Frischhaltefolie einschlagen und zum Beispiel mit einer schweren Pfanne klopfen. Die Schnitzel mit Salz und Pfeffer würzen. Das Mehl in einen Teller geben. Die Eier aufschlagen und in einem zweiten Teller verquirlen. Die Sesamsaat ebenfalls in einen Teller geben. Die Schnitzel nacheinander im Mehl, den verquirlten Eiern und dem Sesam wenden. In einer Pfanne das Bratfett erhitzen und darin die Schnitzel jeweils ca. 5 Minuten von beiden Seiten braten.

5. Die Straußenschnitzel auf Tellern anrichten und mit Reis und Paprika-Curry servieren.

Zutaten:

800 g Kartoffeln
10 Knoblauchzehen
200 ml Hühnerbrühe
200 ml Milch
200 ml Schlagsahne
Salz, Pfeffer, Muskatnuss
1 Bund Salbei
3 EL Olivenöl
400 g Tomaten
8 Straußenschnitzel
4 Zweige Rosmarin
1 Dose weiße Bohnen

Zubereitung:

1. Die Kartoffeln schälen und in 1 cm kleine Würfel schneiden. Die Knoblauchzehen schälen, mit einem breiten Messer zerdrücken und fein hacken. Die Brühe, Milch, Sahne, Knoblauch und die Kartoffeln in einen Topf geben und alles ca. 15 Minuten kochen. Die Bohnen durch ein Sieb abschütten und zu den Kartoffeln geben. Einmal aufkochen lassen und dann mit dem Pürierstab grob pürieren. Mit Salz, Pfeffer und Muskat abschmecken.

2. Die Tomaten waschen und in mundgerechte Stücke schneiden.

3. Da Straußenfleisch nur als Steaks in den Handel kommt, muss es einmal längs halbiert werden, damit man zwei dünne Schnitzel erhält. Anschließend die Schnitzel eventuell in Frischhaltefolie einschlagen und zum Beispiel mit einer schweren Pfanne klopfen.

4. Die Salbeiblätter von den Stielen zupfen, Olivenöl in einer Pfanne erhitzen und die Blätter darin kurz anbraten. Aus der Pfanne nehmen und beiseite stellen. In dieselbe Pfanne die Straußenschnitzel und die Rosmarinzweige geben und von beiden Seiten ca. 8 Minuten braten, dann mit Salz und Pfeffer würzen. Die Tomatenstücke dazugeben und unter Rühren anbraten.

Straußenschnitzel auf Tellern anrichten und dazu das Knoblauchpüree und die Tomaten servieren.

Straußenschnitzel mit Knoblauchpüree

Straußenschnitzel in pikant-scharfer Chilisauce

Zutaten:

3 Chilischoten, z. B. Anchos
5 Chilischoten, z. B. Guajillos
(erhältlich in Asien-Geschäften)
2 Zwiebeln
5 Knoblauchzehen
250 g geschälte Tomaten aus der Dose
2 EL Olivenöl
400 g Straußenschnitzel
Bratfett
Salz, Pfeffer
1 TL brauner Zucker
125 ml Rotwein

Zubereitung:

1. Die Chilischoten der Länge nach halbieren, entkernen und zerkleinern. Die Zwiebeln und den Knoblauch schälen und klein schneiden. Die Tomaten in ein Sieb geben und abtropfen lassen.

2. Die Chilis, die Tomaten, den Knoblauch und die Zwiebeln mit dem Olivenöl im Mixer pürieren.

3. Da Straußenfleisch nur als Steaks in den Handel kommt, muss es einmal längs halbiert werden, damit man zwei dünne Schnitzel erhält. Anschließend die Schnitzel eventuell in Frischhaltefolie einschlagen und zum Beispiel mit einer schweren Pfanne klopfen. Die Schnitzel mit Salz und Pfeffer würzen. Das Bratfett in einer Pfanne erhitzen und die Schnitzel darin auf beiden Seiten anbraten. Die Schnitzel aus der Pfanne nehmen und warm stellen.

4. Das Chilipüree in die gleiche Pfanne geben, mit dem Rotwein aufgießen und ca. 5 Minuten bei mittlerer Hitze köcheln lassen. Mit Zucker, Salz und Pfeffer abschmecken.

5. Die Schnitzel auf Tellern anrichten und mit der Sauce übergießen. Dazu passt Reis oder Süßkartoffeln.

Dieses Chili-Gericht ist nicht so scharf, wie Sie vielleicht denken, es ist eher pikant und mit Reis serviert ein Genuss.

Zutaten:

4 Straußenschnitzel
2 EL Öl
2 EL Mehl
Salz
Pfeffer
1 Schalotte
1 Bund Thymian
50 ml Hühnerbrühe
1 Becher Crème fraîche

Zubereitung:

1. Die Schalotte schälen und fein würfeln. Den Thymian abbrausen, ausschütteln, Blättchen von den Stielen zupfen und fein hacken.

2. Da Straußenfleisch nur als Steaks in den Handel kommt, muss es einmal längs halbiert werden, damit man zwei dünne Schnitzel bekommt. Anschließend die Schnitzel eventuell in Frischhaltefolie einschlagen und zum Beispiel mit einer schweren Pfanne klopfen. Die Schnitzel salzen, pfeffern und im Mehl wenden. Das Öl in einer Pfanne erhitzen und die Schnitzel darin auf beiden Seiten anbraten. Die Schnitzel aus der Pfanne nehmen und warm stellen.

3. In derselben Pfanne die Schalotte und den Thymian andünsten, bis die Schalotte glasig ist. Mit der Hühnerbrühe ablöschen, dann die Temperatur reduzieren und die Crème fraîche einrühren. Zum Schluss mit Salz und Pfeffer abschmecken.

4. Die Schnitzel auf Tellern anrichten und mit der Sauce übergießen.

Ein feines, edles Essen; dazu passt Reis.

Straußenschnitzel in Thymian-Sauce

Register

Apfeltaschen-Schnitzel 65

Gefüllte Schnitzelröllchen auf Tomatensauce 36
Gefüllte Schweineschnitzel mit Rosmarin 25
Gefüllte Schweineschnitzel 22
Gegrillte Herrenschnitzel 20
Geröstetes Kräuterbaguette mit Kalbsschnitzel und Spargel 51

Hähnchenschnitzel in Pfifferling-Rahmsauce 73
Hähnchenschnitzel in Weißwein-Sauce 70

Jägerschnitzel 27

Kalbsschnitzel in Kapern-Sauce 54
Kalbsschnitzel mit Karotten-Orangen-Gemüse 42
Kalbsschnitzel mit Pfifferling-Gurken-Gemüse 46
Kalbsschnitzel mit Weiß-Blau-Käse 52
Kalbsschnitzel Puttanesca 48
Kalbsschnitzelchen in Käse-Ei-Hülle auf Gemüse-Rucola-Salat 41
Kalbsschnitzelröllchen mit Steinpilzfüllung 38

Puszta-Schnitzel 16
Putenschnitzel mit Kapern 61
Putenschnitzel mit Kartoffelkruste 59
Putenschnitzel mit Mozzarellakruste auf Tomaten 56
Putenschnitzel mit Sesampanade 62

Schnitzel mit Pommes frites 15
Schweineschnitzel in Meerrettich-Panade 33
Schweineschnitzel in Rotwein-Sauce 18
Schweineschnitzel in würziger Panade 30
Schweineschnitzel mit Kräuterkruste 29
Schweineschnitzel mit pikanter Backpflaumen-Sauce 34

Straußenschnitzel Asiatisch 74
Straußenschnitzel in pikant-scharfer Chilisauce 81
Straußenschnitzel in Thymian-Sauce 82
Straußenschnitzel mit Knoblauchpüree 79
Straußenschnitzel mit Paprika-Curry 77

Truthahnschnitzel mit Mandelkruste auf Sommergemüse 68
Truthahnschnitzel Saltimbocca 66

Wiener Kalbsschnitzel mit Kartoffelsalat 44

Wir danken folgenden Firmen für ihre freundliche Unterstützung:

Ketchum GmbH, München
- CMA Butterschmalz 29, 41
- CMA Deutsche Butter 61
- Deutscher Käse 52
- Meggle 36, 51
The Food Professionals Köhnen GmbH, Sprockhövel
- Fuchs-Gewürze 65

Alle weiteren Fotos: Food in Wort & Bild, Sigmarszell

Genehmigte Lizenzausgabe
EDITION XXL GmbH
Reichelsheim 2001

Text: Gerhard Poggenpohl
Layout und Satz: Mathias Weil

ISBN 3-89736-113-2